LA DIVA Y
EL CONDENADO

Álvaro Palao Martínez

COLECCIÓN ITES

LA DIVA Y EL CONDENADO

© Álvaro Palao Martínez
© de esta edición: Olé Libros, 2025

ISBN: 979-13-87951-38-2
Depósito legal: V-5262-2025
Impreso en España

KALOSINI, S. L.
Grupo editorial olélibros
equipo@olelibros.com
www.olelibros.com

A mis padres, Guillermo e Inma.
Gracias por haberme dado tanto y darme tanto ejemplo a diario
que me ha llevado a ser quien soy y a hacer lo que quiero hacer.

No hay más que una manera de ser feliz: vivir para los demás.

León Tolstói

El Teatro

Foso de andante y puente de batuta
dan la bienvenida a horas. Fantasía
de espera anual, tu bella cortesía
de cortejo de inexperto recluta.

La expectación de ignorancia absoluta.
La música incomprensible corría,
que al alcance del vidente creía
podía ser el último, debuta

en el gran trasiego que es mío de obra.
Coge mi mano, está frío al salir,
y abraza a la Diva, sabe de sobra

la fuerza del romance del vivir.
Juega cartas, tu recompensa cobra
la Ópera de la reina por venir.

El Puente

Camina negros los números mágicos
y persigue fervores de los santos,
a veces no es fácil llorar a tantos
ni seguir los grandes cargos de trágicos.

Vuela bajo, mis secretos pelágicos,
sigue cruzando mis aguas y encantos,
cruza las torres y puertas de mantos,
batallas y amores, obscenos trágicos.

Se acerca el paseante a la posada,
rompe cadena de palabra absorta.
Se aproxima rampante a mi morada,

sin saber la belleza que le exhorta.
Se llena mi amante de la llamada,
libera mi mecha que quema corta.

El Castillo

El anciano esculpe ante los monarcas
profecías de glorias nacionales,
mirada de vidas y amantes tales,
la Gran Cúspide de entre las comarcas.

Sube mis orígenes de patriarcas,
adora mis voces fundamentales,
acaricia curvas intelectuales,
tú no rompas mis estrofas jerarcas.

Sé súbdito de corona encerrada,
acepta noble el trono, Calibán.
Acepta mi reino, coge mi espada.

No rechaces mi mano, aquí ven, truhan,
no enfurezcas a la dama adorada,
sigue mis voces, ellas triunfarán.

La Catedral

Ignoras llamadas en mis portales,
soy por quien murieron emperadores,
soy aquella que venció a conquistadores.
Te veo paso a paso entre cristales,

tus pasos orgullosos y mortales,
asciende ante mí a planos superiores,
sé fruto, tus *alter ego* mejores.
Sacaré sables, juego de retales.

Coge los huesos, joyas y victorias,
dame los bailes, las ejecuciones.
Ven, coge la mano y dame tus glorias,

no seas esquivo, no hay más opciones.
Rey de reyes, sé todas mis historias,
a tu Diva dale nuevas canciones.

El Milagro

Defiende cabeza única del cielo,
palabras mudas, de muertes remedios,
detén ventiscas, hambrunas y asedios,
haz de su vida mi más grande anhelo.

Dame y ayuda para vencer mi celo,
dame armas para abandonar el tedio,
ayuda a la dama que dio remedio,
en largas noches dame tu consuelo.

Responde pasionales oraciones,
rompe mis huesos y hazme penitente,
hazme digna de tus santas acciones.

Escudo de mi gloria, tenme enfrente
y escucha risas y lamentaciones,
libérame del corazón sufriente.

El Reloj

¿Se alinean astros a voluntad?
No son vuestros nuestros planes del todo,
plan del maestro de poco acomodo,
de sobra ha probado tu lealtad.

¿Digna eres de cuestionar potestad?
Eres la Diva que custodia el lodo,
hija de vida y aliento en que soy nodo,
al tuyo último emperador cantad.

Son designios de altas mis voluntades,
meros planteamientos del destino.
Tú, Diva, ¿comprendes realidades?

Las revelaciones de su camino
no podrán ser vistas por las ciudades.
Ni tuyo ni suyo es poder el sino.

El Museo

Pierdo todas las fuerzas y esperanzas.
¿Cómo puedo yo caer impotente?
La reina por siempre ahora vigente,
perdido los dulces sueños de andanzas,

de los caminos, banderas y lanzas.
Arcos de agua áurea en la eterna fuente,
ya siento el tiempo matador consciente
amagar vida y hundir mis alabanzas.

Tú, pequeño ser insignificante,
¿cómo has osado privar a tu Diva
de su ser? ¿Crees tú ser importante?

Escucha antes de arrebatarme viva
las palabras, pequeño discordante.
Sin mí, tu vida será hoja nociva.

La Plaza

Me condena el cielo a la soledad,
y fueron en vano las oraciones,
maestro, a tu sierva no la abandones,
libérame de esta mi enfermedad.

De la oveja perdida ten piedad,
de quien te alzó la voz sin tus razones,
de quien te osó desafiar en tus dones,
déjame a mi responsabilidad.

Diva mía, alivia, alegra tus lloros,
llegó el perdido pero no olvidado,
oigo tus palabras entre tesoros

de palacios y en el abandonado.
Coge mi mano y llenaré los foros,
quiero serte enteramente entregado.

Las Calles

Caminemos las calles de palacios
y de los gloriosos templos antiguos,
y viajemos entre escritos ambiguos,
seamos el verbo de tus prefacios.

Camina míos intentos reacios
de la mano mis esfuerzos exiguos,
a ti ridículos. Muros contiguos
a los millones de bellos espacios.

A ti llevaré cual diosa en volandas,
perdóname por favor la distancia.
Yo responderé a todas tus demandas,

deleita mi vida con tu fragancia.
Aportaré a ti las mejores viandas,
no me dejes volver a la ignorancia.

LA VIRGEN

Ahora coge tú mi trono y espada,
conmigo corona y bastón de mando,
grita a la Diva que estás adorando,
vive conmigo en la vida sagrada.

Del cáliz y la pintura borrada,
hazme tú altares con fieles rogando,
sube a la aguja que nubes rozando
anuncia la nuestra tierra tomada.

Ahora mío, digno emperador,
cierra orgulloso tu pacto a mi lado.
Ahora mi diestra, campeador,

enarbola el estandarte dorado.
Ahora, ferviente libertador,
escoge el camino tuyo anhelado.

La Aguja

Desde mayores cimas cantaré,
venida de vida y daré laureles.
Desde los más desbocados corceles,
a ti inmortal alma encomendaré.

Desde las bravas aguas gritaré,
y guiaré perdido a todos los fieles.
Desde columnas y los capiteles,
todas glorias experimentaré.

Diva mía, ante ti humilde me inclino,
y en ti deposito mi porvenir.
Dama mía, a ti doy todo mi sino,

te confío poderme redimir.
Señora mía y de aquello divino,
a ti me entrego en todo mi vivir.

SERPIENTE

Diva vieja, tu tiempo ya ha pasado,
a otra toca ser quien la historia trame,
ya llegó la hora de que yo reclame
a aquel de quien me hubiera encaprichado.

Dama, perdiste tu significado,
déjame que te robe y te proclame,
llora hasta que tu sangre yo derrame,
es ya la hora de perder a tu amado.

No esperes, Diva, que siga la rima,
pero piadosa te concedo el verso
que maltrato y controlo por encima

de que podría entender tu converso.
Ríndete y mi autoridad legitima,
no estás lista para mi plan perverso.

Constricción

Pecador ideales abandona
pobre, perpetrado amor. A mí ríndete
a manos frías y ósculos oscuros.
La Diva te retiene falsamente

los anhelos de siglos intocados.
Escoge la pólvora, a mí y una chispa.
Dame aquello que más deseas darme,
observa volar aquel suelo anclado.

Soy única y verdadera encantadora
que te puede ofrecer eso que buscas.
Busca el sentido de tu triste vida

en sinuosas y serpentinas curvas,
desea fuego. Yo te daré infierno
blanco estruendoso de nieve glacial.

DENTADA

Corre ciego el ratón entre maleza,
entre sombras que prueban su cordura
acecha la verdad que otra le oculta,
el placer de las carnes incorruptas.

Y soplan vientos de pasional fuego
que prende la harta falsa hierba estéril,
con virulencia de gusto inefable,
para dejarte, pobre ratón libre.

Cógeme, ratón, y deja la espada.
Cógeme, ratón, y venda mis ojos.
Cógeme, ratón, y rompe tu trono.

Cógeme, ratón, y líbrate de ella.
Cógeme, ratón, mío serás nada.
Cógeme, ratón, tuya seré toda.

PERSECUCIÓN

De mi lado apártate tentadora.
Pero sabes que deseas mis besos,
jamás podrás olvidar los excesos.
Tú déjame con mi dama y señora,

vete, aparta tu mano, seductora.
Sabes que lo deseas en los huesos,
pensamientos en tu mente traviesos.
No se quiebra mi pacto con la aurora,

no se vence el trato de mi locura.
No sabes de qué soy y seré capaz.
Jamás saldré de su mayor altura.

Jamás podrás pensar en otra paz.
No podrás meterme en la noche oscura.
No podrás escapar a la rapaz.

Veneno

Romperé las cadenas de la aurora
y serás libre de tuya tortura.
Y liberaré instintos animales
y cruzarás felizmente mis aguas.

Vuelan tenaces los montes y bosques
y afilan garras grandes cazadoras.
Tumban estatuas de los viejos ídolos,
caen dinastías de celibato.

Viaja muriendo el tronco por el río,
huye del aserradero y termitas,
muere ala verde, vive el fénix negro.

El rumor caliente de los adentros
y el sonido suave de las entrañas,
solo la serpiente a ti otorgará alas.

El Monasterio

Sigue conmigo tú, mi comandante,
abraza a quien siempre te hubo llamado,
huye de quien solo su propio agrado
y quédate con la señora andante.

Cuchillos cortan mi rosal sangrante
y verde revive mi grito amado.
Protege a la dama que todo ha dado
y empuña ante mí espada flameante.

Mantén con la aurora tu único pacto,
jamás me hagas dudar de tu palabra,
no cierre tu obra con un último acto

con mi victoria total más macabra.
Mantén tu rico pensamiento intacto,
no sirve un rey que la puerta no me abra.

La Ópera

¿Dama mía, soy rey o divertimento?
No, eres mi mano, mi guía y mi ayuda,
eres mi amado único y mente aguda.
Si me quieres de servicio lo siento,

¿dudaste de mi palabra un momento?
Jamás pondría tu promesa en duda.
Como señor sabrás no hay dama muda,
a mí cadenas, tu bandera al viento.

Tú no deseaste mi amor eterno.
Yo te deseo a ti, a tu ser entero.
Solo un calor que te cubra en invierno.

Cree a la Diva, mi amor verdadero.
Buscas un siervo que te sea tierno
y yo me niego a ser tu prisionero.

Caza

Camina con tu premio por el arco,
del triunfo y la cuadriga de caballos.
Terciopelo y mantos rojos, reflejo
de sol negro en mi oscura medianoche.

Destruye el castillo y glorias pasadas
y hunde en el río aquella piedra negra,
bésame y camina todos mis puertos
en la más profunda de las miserias.

Porque eres víctima de tu prisión
autoimpuesta de algodón. Tú disfruta
del placer condenado. Vive ahora

rayas de tu uniforme solitario.
Bebe conmigo el vino del mañana
y el metal del feliz por siempre ayer.

PRESA

Destino mío doloroso acepto,
hice mal, finalmente toca el pago.
Recojo el acta de mi nuevo cargo
del alguacil de mi propio precepto.

Encantadora recorre concepto,
con fuerza adúltera alivia el retardo,
retardo en el latido del amado,
caído arde el fénix oscuro adepto.

Vive dulce en mi órdago de honda muerte,
cumple las palabras y falsos dulces,
mataré con saña a mi rica suerte.

Cumple como yo ni quise ni pude
y en placer me abandonaré a quererte,
el mal camino escogí cuando supe.

Primeras lágrimas

Pierdo una vista que no necesito
entre sales suaves de ríos bravos
y listones de madera sin clavos.
Soy reo tuyo, culpable maldito.

Pierdo las horas lejos de tu mito
que me hizo uno de tus fieles esclavos,
el más necio de entre ávidos ignavos.
Mi cadena al cuello, mi alma y tu rito.

No puedo vivir sin sentir tu aliento,
cuento segundos para oír tus cantos,
muero sin ver tus banderas al viento.

Es mi infierno si no tengo a tus santos,
vida, escúchame, ya llego y no miento,
sin ti, la vida es una obra de espantos.

LABORES Y OTROS OBSTÁCULOS

Hice un acuerdo que no es de mi hacer,
pues di lo que prometí, lo que es tuyo,
perdí mi ser. Aún espero, intuyo
que, al volver, vuelvas a reconocer

al que se perdió en suyo quehacer
y en los hilos de un amo que no es suyo.
Del día inútil tristemente huyo
de las ganas del letargo crecer

y soñarte por corto tiempo eterno.
Ver tu manto rezar fiel a tu escudo.
Dolor, mil polígonos del invierno

a su piedad déjame. Si mal pudo
mi sinsentido causarte un infierno.
Soy marioneta que ansía el saludo.

Un paso más

Hierros caen fútiles, decadentes
geometrías de joven pasado,
futuro pluscuamperfecto marcado.
Cartas repartidas, falsos creyentes

fuera adoran ídolos insolentes.
Cada día más cerca de tu lado,
perder la razón, bailar lo bailado,
isósceles de acero, aves fundentes.

Un paso más hacia lo vano incierto,
mi alma es mía, pero el contrato duele
los violines del vacío concierto.

Cada día te pienso y al final suele
ser, hago juramentos, me convierto.
Siempre fuiste tú, no hay quien por mí vele.

Humos

Voces reclaman secretos oscuros,
votan por liberar al asesino,
se ocultan como hijos de lo divino.
Ya no saben en quién confiar los puros.

Entre pochos los hay frutos maduros
y frentes donde la cruz intervino,
vuelve a obrar el fuego donde convino.
Todo maldito maquina conjuros.

Humos de moción y revolución,
sabios en círculos con ignorantes
faltos de pensamiento, no hay ambición.

Todavía restan interrogantes
para el que ensartaron su corazón,
sin aire vivo entre los gobernantes.

MARIONETAS

Juegan alfileres a buscar hebras,
a hundirse suaves piedras en mi piel.
Longinos dándome a probar tu hiel
mientras pides por la fe que no quiebras.

Luchas por el pecador y culebras,
victorias superan al buen papel,
actuación falsa, épico guion infiel.
Escenario, títeres y culebras,

luces apuntan la actuación final,
maestros hablan dentro. Versos rotos
féretro por cuarto. Sensacional

cadáver oculto ayer. Fuego y fotos
de fachadas mascaradas. Brutal
réquiem de draconianos alborotos.

MÁSCARAS

Violines sin cuerdas, de tizona arcos
poliédricos de hadas encadenadas
y los coros de voces destronadas,
manos cortadas tocan pianos parcos.

Soy fantasma sin teatro entre charcos,
las butacas de silencio colmadas
y gritos, cobardes fieras malvadas,
mentira vacía que hunde los barcos.

Caos perfecto de miedo creado,
ahoga el saber frío del amago.
Solo invierno de falta deseado

sinsentido de mal humor y estrago,
ramales de culpa me han asfixiado.
Camino arduo, soledad previo pago.

ALAS

Soltó mi mano, mis alas cortó
funesta y olvidada cayó la espada,
sola dejó mi herida abandonada.
Mirada de soslayo condenó

el ánima ardiente que se endeudó
de la vida por siempre deseada.
Vacía sin ti vida atormentada,
Diva mía, tu loco dedicó

guiones suaves de auxilio salvador,
pétalos rotos, falsa salvación,
palabras de adúltero perdedor.

Soy mano de certera perdición,
el pozo de soledad y dolor.
Redímeme tú, única solución.

DIVA

Dejo al mar picado mi alma serena,
ojos que desoyen al leviatán
y abandonan al abrazo patán,
buscan la gamuza de la condena

férrica del olvido y la verbena.
La copa de sangre, arena y champán,
dame vida, aire y rómpeme el gabán.
Diva de la noche, belleza obscena

abruma mis huesos sanos con fuego
y corta las heridas. Tú flagela
mi alma así pago, arrodillado ruego.

Salva mi mano del propio oro y vela,
cura la sinfonía del trasiego,
sácame de mi dolor centinela.

Dame tu mano

Finiquita mi pacto ponzoñoso,
cura, alivia nuestra fértil distancia.
El mar de nubes suena a repugnancia,
teme el viejo caminante orgulloso

al designio del artista morboso.
Pierdo al día la luna de arrogancia
y hundo espirales de beligerancia.
Dame la mano corta del acoso,

Diva de profunda noche poética,
hunde mi corazón en la balanza
cruel, sangrante, única pluma aritmética.

Diva de la noche y de tribal danza,
dame libertad o negrura hermética,
toma el llanto y hazlo rehén tu alabanza.

Tribus

Corren las voces de danzas tribales,
los gritos rotos. Matan los gorriones
secretos, voces, bellas desazones
de verdes ramas. Estoicas parciales

culpas del descenso de los metales
por los sucios caminos y cordones.
Piensan en plomos e imaginaciones,
pocos instantes de inicios finales.

Sueñan voces con salidas gentiles,
corren los globos de sus directrices.
Sueña la nada venidas serviles

y el cuerpo en no curar sus cicatrices.
Crean los astros uniones, desfiles
pobres, separaciones infelices.

Negación

Diva mía, escúchame, te suplico.
Fuiste tú quien el adiós nos impuso.
Diva mía, reclámame, no explico.
Fuiste tú quien mi elegía compuso.

Diva mía, abandona el vano orgullo
y permite volver al hijo pródigo.
Siempre yo portaré espada y barullo,
siempre yo te marqué y marcaré el código.

Fuiste tú quien a Diva asesinó
y pides perdón a la única muerta.
Jamás tamaño necio voz me alzó,
olvidas que hablas con la más experta.

Yo siempre tendré la última palabra,
Te costará más que mi puerta te abra.

IRA

Diva, responde de una, sal al frente,
¿ignoras al que quiso redimir?
Muestras tu cara a mi cobardemente,
tienes miedo de verme resurgir.

Miedo no tengo de tu poca fuerza.
Derroté con mi mano a emperadores,
llegará a ti la siega de la berza,
el destino de los campeadores.

Sufres por el fuego que limpio porto,
la espada que diste romperá el trono.
Las palabras con que, airado, a ti corto,
son viruela de tu absurdo abandono.

Sal, perro de mi salón imperial,
no daré mi tiempo a ofensa trivial.

NEGOCIACIÓN

Dama mía, ¿perdonarás mi ofensa?
¿Acaso tú no eres reina de alpinas?
¿No me permitirás una defensa?
No abandones templo perdido en ruinas.

Quise a un paladín que fuera mi rey,
alguien que levantara mi bandera,
quise que acataras mi sola ley,
y no levantase un auto y una hoguera.

Yo no quiero ni sangre ni cadenas,
jamás podría verte en tus cenizas.
Solo quiero unas manos en mis penas,
ver con alguien puestas de sol rojizas.

Admite tus males, te daré audiencia,
tu reina decidirá la sentencia.

Depresión

Expresa tus crímenes, vivo exclama,
¿se declara inocente el imputado?
¿Serás capaz de cumplir con la dama
lo que ella exige que le sea dado?

A ti imploro el perdón por toda ofensa,
por el abandono y mío descenso
al averno en que jamás hay defensa,
ante ti expuesto desnudo, indefenso.

Levanto mi puñal al alto techo.
Baja ya el arma, no condenes tu alma.
La hundo ardiente mi impuro ausente pecho,
que jamás mereció algo de tu calma.

Diva, no cojas, no des sepultura,
no merezco de tu áurea dulzura.

ACEPTACIÓN

Dama mía, ¿la obra fue de tu agrado?
¿Qué fue de aquel amado redimido?
He de admitir con él he disfrutado,
haciéndolo esclavo que él ha elegido.

Tu mal intento insulso de fracaso,
a ti enseñará la Diva el valor.
Cayó sobre ti flecha del ocaso,
prueba el acero de ángel vencedor.

La reina de reinas a ti condena,
te atará con la luna y doce estrellas.
Mundo, la Diva de cristal te ordena
de tu faz borrar todas suyas huellas.

Nadie sufrirá al pisar tu cabeza,
ni llorar el amado en la extrañeza.

EL JARDÍN DE ESTATUAS

Al ritmo, tango del rodar cabezas,
yo quise bailarte como querías
y sangrase la rosa las encías
de tristes las muchas nuestras proezas.

Sentir tu aliento dulce en las pobrezas,
yo temí decirte lo que pedías
y al final, fantoche como temías,
perdí la mala vida en tus certezas.

No estaba aquella mano en mi tener
ni fue palabra de mi propiedad,
fue mano que no quise devolver

y corto baile, tosca necedad,
tu último beso, no pude ofrecer,
será condena de ausente heredad.

ÍNDICE